화은 배애희 시조집 2

세월 깁던 어머니

세월 깁던 어머니

배애희 시조집

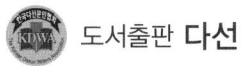
도서출판 다선

머리말

눈 감으면 떠오르는
내 어릴 적 추억들

건강상의 문제로
누워만 있는 신세가 되어
지난날 추억 속에 잠겨보며
한 자 한 자 써 내려간 시조

43자 그 안에
행복과 그리움으로 남아있는
그 시간들과
자연의 아름다움을 담아 보았다

어머니의 간절한 그리움과
소중한 그 추억들
철없던 그 시절 그래도
행복했었는데

오갈 데 없는
현재의 내 삶을 원망하면서도
희망의 꿈을 꾸며

기쁜 마음으로 이 시조집을
엮어본다

아직도 많이 부족하지만
지나간 그 시간들의 소중함을
생각하며 이렇게 풀어낼 수 있음을
감사하게 생각하며…

축사

(사)한국다선예술인협회 총회장
김승호 박사

화은 배애희 제2집 시조시집을 출간하면서 참으로 감개무량하지 않을 수 없었습니다. 시인은 (사)한국다선문인협회 「다선문학」의 창단 멤버이기도 하고, 10여 년을 한결같은 마음으로 자신의 내면의 갈등과 육신의 아픔을 시 창작으로 승화시켜왔기 때문에 그 감동은 클 수밖에 없었습니다.

『세월 깁던 어머니』를 접하며, 200편의 시를 읽어보면서 슬픔과 아픔을 그리움으로 승화시킨 배애희 시인은 천상 시인일 수밖에 없다는 감회와 지난 10여 년의 세월이 주마등처럼 뇌리와 가슴을 스치며 지나갔습니다.

살면서 누구나 인생 속에서 사연도 많고 추억도 많겠지만, 제가 아는 사제지간의 사이에서 누구보다도 더 생활이나 현실이 힘들고 어렵다는 내면의 아픔이 크다는 사실로 자

신에 대한 각고의 노력이 없이는 견디고 이겨내기도 힘겨웠을 터인데, 그저 시인의 노력과 인내에 경의를 표합니다. 물론 협의의 성장에도 기여한 부분이 크기에 감사와 존경을 드립니다.

(사)한국다선문인협회는 다선인 모두의 텃밭입니다. 견고함보다는 서로가 뿌리가 되고 씨앗이 되어 성장하는 터전을 이루고자 노력해왔고 앞으로도 초심을 잃지 않고 희망을 찾아 저 자신도 씨앗이 되어 한 알의 밀알이 되고자 합니다.

화은 배애희 시인의 더 큰 발전과 향필을 빌며 스스로의 성장과 인내의 결실을 진심으로 축하드립니다.

사는 날까지 건강하시고 행복하시길 기도합니다.

다선 **김승호**

(사)한국다선예술인협회 총회장
교육학박사
시인, 수필가, 평론가, 언론인
2023대한민국사회발전대상 문학공로 대상 수상
그 외 문학 관련 대상 등 본상 다수 수상

목차

머리말　　4
축사　　6

1부 - 그리움을 하나

비 오던 고향 집	16
그리움을 담다	18
엄마 품	19
작약꽃	20
엄마 손	22
민들레의 그리움	23
보릿고개	24
할미꽃	26
장독대	28
두견화 지고	29
스승의 날	30
내 고향	32
내 임의 한가위	34
님 찾아	36
청춘	37

새끼줄	38
울 할미	40
진달래의 추억	42
가을 들판의 추억	44
어머니 (1)	46
찔레꽃	47
호미	48
세월	50
추억 하나	51
부뚜막 위 숟가락	52
디딜방아	53
어머니 (2)	54
세월 깁던 어머니	55
고향 생각	56
홍시	58

2부 - 희망 하루

희망 하루	60
신명 난 아침	61
봄꽃의 향연	62
벚꽃 피는 그 길	63

고목	64
축제장	65
인생의 뒤안길	66
아지랑이 (1)	67
하늘의 선물	68
아지랑이 (2)	70
세월의 봄	71
흰 목련의 웃음	72
매화	74
청둥오리	75
겨울잠	76
아침 해 떠오르니	77
민들레 홀씨	78
봄 동산	80
해맞이	81
물방울	82
봄 아씨	83
희망의 날갯짓	84
희망	86
경칩	87
모종 하나	88
그대의 소망	90
해당화	91

인생	92
꽃망울	93
봄 전령사 얼음새꽃(복수초)	94

3부 - 영산홍 피어나고

영산홍 피어나고	98
복사꽃	100
개나리는 바람둥이	101
두견화	102
봄까치꽃	104
봄의 정취	105
조바심	106
벚꽃 지다	108
노루귀	110
벚꽃 피어	112
은은함이 좋아라	113
목련화 피고	114
봄 냉이	115
눈 속의 봄	116
동백꽃 피는 날	117
꽃들의 향연	118

괭이풀	120
허공중에	121
꽃놀이	122
능소화 피는 계절	124
조팝꽃	125
달맞이꽃	126
영롱함	127
능소화의 설움	128
동백	129
봄을 캐다	130
사랑의 증표	132
푸른 하늘	133
봄꽃	134
개나리 꽃길	135

4부 - 목련화 지다

목련화 지다	138
허무	139
왜가리의 비애	140
오는 봄 누가 막아	141
터널	142

설화	143
줄행랑	144
눈(雪)	145
백조야	146
꼬리를 감추고	148
봄	149
소나기	150
봄이 오면	151
봄의 유혹	152
희망의 소리	153
빗속의 봄처녀	154
벗	156
철새	157
줄장미	158
운무	160
뿌연 하늘	162
비의 흔적	163
바람의 심술	164
웃음의 의미	166
강태공	167
새벽	168
새해 소망	169
봄 길목	170

슬픈 연가 171
떠나는 가을 172

1부
그리움을 하나

▼

비 오던 고향 집 / 그리움을 담다 / 엄마 품

작약꽃 / 엄마 손 / 민들레의 그리움

보릿고개 / 할미꽃 / 장독대

두견화 지고 / 스승의 날 / 내 고향

내 임의 한가위 / 님 찾아 / 청춘

새끼줄 / 울 할미 / 진달래의 추억

가을 들판의 추억 / 어머니 (1) / 찔레꽃

호미 / 세월 / 추억 하나

부뚜막 위 숟가락 / 디딜방아 / 어머니 (2)

세월 깁던 어머니 / 고향 생각 / 홍시

비 오던 고향 집

비 오는
초가삼간
마루에 앉아보니

앞 들판 푸른 물결
먼 산에 운무더라

푸른 콩
삶아 까먹던
그 맛 또한 그립네

달그락
구수함에
군침을 삼켰더니

부추전 삶은 감자
엄마표 손맛이라

그 맛을
잊을 수 없네
어디 가서 찾을까

그리움을 담다

초가집
처마 끝에
빗방울 떨어지고

양동이
가득가득
그 소리 정겹더니

이제는
찾을 수 없어
그리움만 담았네

엄마 품

파도가
부서지니
물거품 일어나고

구름이
흘러가니
갈매기 서럽다네

너울이
손짓을 하니
더해지는 그리움

작약꽃

활짝 핀
네 모습에
덩달아 미소가 득

울 엄마
좋아했어
앞마당 가득했지

웃음도
함지박처럼
호탕하게 웃는다

엄마 손

손에 쥔
호미 자루
닳고 또 닳아지고

선머슴
같은 등은
휘고 또 휘었구나

김매던
엄마의 손은
*까꾸리손 되었네

* 까꾸리: 갈퀴의 방언

민들레의 그리움

새색시
한복 같은
그대의 옷자락에

풀숲에
옹기종기
서방님 기다리듯

그리움
치마폭 가득
맑은 하늘 담는다

보릿고개

봄 햇살
뜨락 가득
조근조근 내려앉고

엄마의
호미 자루
보리밭을 헤맨다

얼굴에 힘든 땀방울
고랑 고랑 스몄네

가난의
찌든 삶에
보리떡 한 덩어리

한숨의
보릿고개
어제 일 같건마는

아련히 떠오르는 건
그을어진 모습뿐

할미꽃

산언덕
양지쪽에
고개를 숙이고서

꽃 피는
그 모습이
손녀를 부르는 듯

흰머리 바람에 날려
그리움에 우는 꽃

흔하디
흔한 꽃이
무분별 채취당해

꽃집의
화분에서
볼 수가 있네그려

울 할미 닮은 모습에
반가움에 젖는 꽃

장독대

엄마의
손때 묻은
행주가 춤추던 곳

투박한
장독대에
그리움 남아있어

살며시
어루만지듯
내 가슴에 품는다

두견화 지고

붉은 잎
산자락에
하나둘 떨어지니

두견새
서럽다며
슬픔의 통곡 소리

가신 님
발자국 따라
서러움이 더하네

스승의 날

철부지 아이들을
한곳에 모아놓고
훈육의 가르침을
그때는 몰랐었네
인생길 달려오느라
잊고 지낸 스승님

세월이 한참 흘러
스승을 모셔놓고
그 시절 이야기로
한바탕 웃음바다
철없던 그때 그 시절
뇌 아리를 스치네

스승의 그림자도
밟지 말라 하였건만
격 없는 편안함에
친구 같은 사이 되고

머리에 서리 앉으니
함께 늙어 간다네

내 고향

먼 길을
돌고 돌아
다시 찾는 고향길에

동구 밖 느티나무
반갑게 맞아주네

오가는 덕담 속에서
반가움의 웃음소리

옛집에
당도하니
만감이 교차하고

뒷밭의 모과나무
흔적도 보이잖네

반갑게
맞아주시던
그 모습만 아련히

내 임의 한가위

완전체 너의 모습
내 임의 얼굴일세
언제나 환한 미소
날 반겨 주시던 님
이제는 높은 곳에서
지켜보고 계시네

둥근달 바라보며
내 임을 떠올리고
새 옷에 수줍은 듯
친구 앞에 나설 때에
환하게 웃음 지으며
함께 놀라 하셨지

철없던 그 시절이
마음에 고이 남아
그 임과 그 친구들
그립고 그립구나

하늘에 둥근 저 달이
위로한 듯하여라

님 찾아

수평선
저 너머에
우리 님 계실 거나

아련한
물비늘 속
웃음 띤 그 님 얼굴

꽃가람
통통배 띄워
찾아 나서 볼까나

청춘

어제의
푸르던 잎
오늘에 낙엽 되고

무수한
새들조차
하나둘 떠나가니

봄 같은
그날은 다시
돌아올 줄 모르네

새끼줄

기나긴
겨울밤에
두 손이 갈라져도

사랑과
정성으로
힘든 삶 이겨냈네

웃음꽃 피어난 시간
사랑 가득 엮었지

문풍지
팔랑이며
스며든 찬바람에

호롱불
가물가물
행여나 꺼질세라

윗목에 따끈한 화로
사랑 불씨였었네

울 할미

봄 햇살 뜨락 가득
노닐던 초가삼간
오늘도 할머니는
길손을 부여잡고
객지에 떠난 자식들
안부 물어보셨지

풍으로 걷기 힘든
다리를 들어 올려
지팡이 친구 삼아
한 걸음 떼어놓고
손녀를 찾으시면서
딸의 이름 부르네

이승의 끈을 놓고
가시는 그 걸음에
새하얀 가마 타고
성큼성큼 가신 뒤에

아무리 불러나 본들
대답 한 번 없다네

진달래의 추억

연분홍
고운 꽃잎
온 산에 물들이고

추억의
꽃이 되어
수줍게 피어있네

고향의 언덕 위에도
붉게 피어 있겠지

입술이
파랗도록
네 꽃잎 따먹었지

한 아름
꺾어다가
집안에 꽂아두고

봄맞이 진달래 화전
그 시절이 그립네

가을 들판의 추억

황금빛 들판 속에
어릴 적 추억 있네
이슬이 마르기 전
봉지를 옆에 끼고
메뚜기 날기 힘들 때
얼른 낚아채었지

추수가 끝난 들판
이삭줍기 나섰다네
하나둘 줍다 보면
두둑해진 보따리에
얼굴에 환한 미소가
힘든 줄도 몰랐네

얼굴엔 인상 쓰고
두 팔을 펄럭이던
할 일을 다 끝낸 듯
넋 놓은 허수아비

어깨 위 참새 소리에
한 세월이 흘렀네

어머니 (1)

청춘에
고된 삶에
고운 볼 주름 늘어

무명천
허리 둘러
살아온 내 어머니

고운 손
갈고리 되어
삼베 적삼 적신다

찔레꽃

하얀 꽃
찔레꽃이
울 엄마 모습 같아

달밤에
은빛 가루
소복이 뿌려놓고

먼 나라
달님에게로
소풍 가신 어머니

호미

당신의
손아귀에
떠날 줄 몰랐었네

뽀족한
주둥아리
닳고 또 닳아져서

밭고랑 땀과 한숨이
거기 배어 있었네

헛간에
우두커니
주인을 기다려도

가신 임
소식 없어
애달픈 그 임 사랑

가슴에 깊이 새겨둔
고된 삶의 흔적들

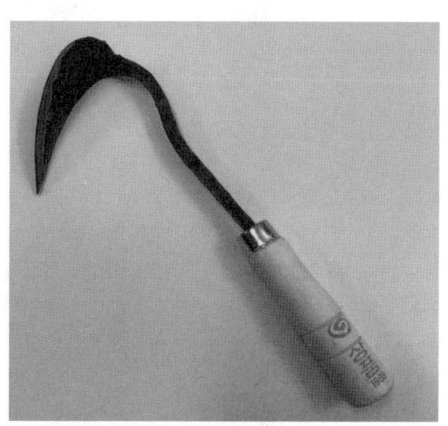

세월

흐르는 저 세월을
막을 자 누가 있나

초로와 같은 인생
욕망은 끝이 없네

부귀와 권력과 명예
쫓아본들 무엇 하리

오늘 밤 부르시면
모든 걸 내려놓고

빈손과 옷 한 벌에
혼자서 가는 것을

베풀며
나누는 삶에
충실하고 싶어라

추억 하나

회천리
맑은 물에
송사리 뛰어놀고

햇불에
남녀노소
다슬기 수확이라

그리운
고향의 추억
언제 다시 해볼까

부뚜막 위 숟가락

부뚜막
한 귀퉁이
다 닳은 숟가락이

평생을
헌신하신
울 엄마 모습 같아

하늘을
올려다보며
그리움에 사무쳐

디딜방아

쿵덕쿵덕
디딜방아
울 엄마 울음소리

보리쌀
한 줌 넣어
한 맺힌 한숨 섞어

보리떡
한 덩어리에
고된 삶이 녹았네

어머니 (2)

황혼의
노을빛이
하늘을 물들이면

머리에
무명 수건
힘겨운 그 발걸음

똬리 튼
머리 위에서
구름 담은 어머니

세월 깁던 어머니

따뜻한
아랫목에
자식들 누이시고

윗목에
호롱불 밑
세월 깁던 우리 엄마

따끈한
화롯불 위엔
한세월이 익었네

고향 생각

빨갛게
익어가는
감나무 바라보니

고향 집
뒤 뜨락에
감꽃이 생각나고

저 멀리 워낭소리에
꼬리 치던 강아지

삐거덕
정지문이
열리는 시간이면

배시계
요란스레
울리던 어린 시절

고소한 계란밥 하나
그 맛 잊지 못하네

홍시

홍시가
익어 가니
울 엄마 생각나네

장독에
차곡차곡
겨울밤 간식거리

달콤함
그 매력 속에
빠져드는 그리움

2부
희망 하루

▼

희망 하루 / 신명 난 아침 / 봄꽃의 향연

벚꽃 피는 그 길 / 고목 / 축제장

인생의 뒤안길 / 아지랑이 (1) / 하늘의 선물

아지랑이 (2) / 세월의 봄 / 흰 목련의 웃음

매화 / 청둥오리 / 겨울잠

아침 해 떠오르니 / 민들레 홀씨 / 봄 동산

해맞이 / 물방울 / 봄 아씨

희망의 날갯짓 / 희망 / 경칩

모종 하나 / 그대의 소망 / 해당화

인생 / 꽃망울 / 봄 전령사 얼음새꽃(복수초)

희망 하루

이슬은
방울방울
풀잎 위 앉아 놀고

햇살은
방긋방긋
웃음을 선물하니

갈매기
힘찬 날갯짓
희망 하루 열린다

신명 난 아침

간밤에
강풍 불어
우울한 마음인데

네 언제
그랬었나
방실 웃는 저 해님이

온 누리
가득 비추니
룰루랄라 신나네

봄꽃의 향연

출발점
앞에 서서
신호를 기다리듯

앞다퉈
피어나는
봄꽃의 향연이라

긴 겨울
고난 속에서
승리 기쁨 맛보네

벚꽃 피는 그 길

내리는
봄비 따라
봄꽃은 피어나고

덩달아
설레는 맘
기분은 최고라네

활짝 핀
벚꽃길 따라
봄나들이 설렌다

고목

다 늙은
고목이라
그 누가 비웃으리

아직도
이 마음은
젊은이 못지않아

어여쁜
꽃을 피우며
살아있음 알리네

축제장

병아리
입을 벌려
새봄을 노래하듯

울타리
샛노랗게
웃음이 만발하네

길가는
봄꽃의 향연
풍요로운 축제장

인생의 뒤안길

해 돋는
아침 풍경
마음도 설레지만

왜가리
날아가는
석양도 아름다워

여울목
뒤안길에서
행복웃음 짓는다

아지랑이 (1)

저 멀리
아롱아롱
눈(目) 속에 담겨있네

보일 듯
보일 듯이
잡히지 않은 그대

양어깨
포근히 앉아
깔깔 웃음 짓는다

하늘의 선물

촉촉이
내린 봄비
만물이 소생하고

꽃잎에
송글송글
보석이 반짝이듯

하늘이
내려준 선물
예쁘기도 하여라

아지랑이 (2)

구름 위
살금살금
얼굴을 내어민다

여의주
입에 물고
하늘로 올라가듯

오늘도
붉게 더 붉게
피어난다 희망이

세월의 봄

세월은
봄을 데려
명자꽃 피우더니

봄비에
물이 오른
목련화 피었구나

실개천
버들강아지
하하 웃음 짓는다

흰 목련의 웃음

두툼한
솜털 옷을
하나둘 벗어놓고

여리디
여린 옷을
활짝 펴 웃음 주네

나무에 피는 연이라
너의 이름 얻었지

오늘도
하얀 웃음
보는 이 흐뭇함에

따스한
봄 햇살에
나들이 나서건만

희뿌연 미세먼지에
애달프기만 하여라

매화

찬 바람
맞아가며
사랑을 키웠더니

터질 듯
꽃망울이
하나둘 피어나고

뜨락에
붉은 매화는
봄의 소식 알린다

청둥오리

그 누가
알려주나
더 넓은 하늘길을

동쪽의
붉은 태양
쉼 없는 날갯짓에

정겹게
노니는 모습
보는 이도 흐뭇해

겨울잠

찬 바람
불고 불어
온 땅을 얼려놓고

순백의
결정체가
목화솜 이불 됐네

포근히
꿈속에 젖어
새봄 올 날 기다려

아침 해 떠오르니

아침의
밝은 해가
하늘에 떠오르니

갈매기
빛을 따라
날갯짓 여념 없네

찬란한
바다의 아침
희망 가득 싣는다

민들레 홀씨

잎 피고
꽃이 피니
아름답다 하였지

예쁜 꽃
바람 따라
날아간 자리마다

또 다른
꽃이 되어서
희망의 꿈 꾼다네

봄 동산

봄 오면
이 산 저 산
진달래 만발하니

소녀의
수줍음은
그 속에 스며드네

여린 듯
가냘픈 그대
가슴으로 품으리

해맞이

경건한
마음으로
돋는 해 바라보니

자연적
입가에 선
미소가 떠오르네

웃음이
가져다주는
그 행복을 누리리

물방울

영롱한
물방울이
모이고 모여져서

언 땅을
녹여가며
새싹을 틔워놓네

향긋한
봄의 향기가
희망으로 온다네

봄 아씨

살며시
불어오는
실바람 고이 타고

저 멀리
사뿐사뿐
봄 아씨 걸어오네

실개천
버들강아지
실눈으로 반긴다

희망의 날갯짓

쉼 없이
갯바위에
파도만 왔다 가고

그리운 나의 님은
보이질 아니하네

외로운
해오라기의
그의 님은 어디에

어둠이
채가기 전
바위에 올라서서

동녘의 붉은빛이
떠오른 곳을 향해

도약에

날갯짓하며
새 희망을 품는다

희망

겨우내
폭풍 한설
참고 또 참아가며

울 밑에
꽃 한 송이
살며시 피워냈네

흐르는
세월 속에서
새 희망을 품는다

경칩

졸졸졸
흘러가는
시냇물 소리 따라

돌덩이
밀쳐내어
개구리 깨어나서

힘차게
기지개 켜며
새봄 맞이한다네

모종 하나

누군가
흘리놓은
조그만 씨앗 하나

뾰족이
고개 내민
모종이 아까워라

살며시 파종을 하여
여기 옮겨 심었네

하루에
서너 차례
신기하여 바라보고

행여나
목마를까
오가는 길 목도 축여

어느새 꽃망울 하나
활짝 피어 반긴다

그대의 소망

길가에
샛노랗게
예쁘게 피었네요

반겨줄
어느 님이
아무도 없다지만

간절한
그대의 소망
홀씨 되어 나르네

해당화

해풍에
몸살 앓고
봄볕에 웃음 짓네

붉음의
열정으로
우리를 반겨주니

초여름
싱그러움도
그와 같이한다네

인생

과녁을
향하여서
날아가는 화살처럼

어느새
육십 고개
남은 길 얼마던가

고목에
꽃이 피어나
행복 가득 품었다

꽃망울

겨우내
폭풍 한설
참고 또 참아가며

봄 되면
꽃피울까
무던히 애를 썼네

산새들
노랫소리에
꽃망울이 터지네

봄 전령사 얼음새꽃(복수초)

산기슭
외진 곳에
잔설을 밀쳐내고

살며시
고개 내민
어여쁜 얼음새꽃

새봄의
소식 전하고
빵긋 웃음 짓는다

3부
영산홍 피어나고
▼

영산홍 피어나고 / 복사꽃 / 개나리는 바람둥이

두견화 / 봄까치꽃 / 봄의 정취

조바심 / 벚꽃 지다 / 노루귀

벚꽃 피어 / 은은함이 좋아라 / 목련화 피고

봄 냉이 / 눈 속의 봄 / 동백꽃 피는 날

꽃들의 향연 / 괭이풀 / 허공중에

꽃놀이 / 능소화 피는 계절 / 조팝꽃

달맞이꽃 / 영롱함 / 능소화의 설움

동백 / 봄을 캐다 / 사랑의 증표

푸른 하늘 / 봄꽃 / 개나리 꽃길

영산홍 피어나고

진달래
만발하여
웃음꽃 피우더니

때 이른
봄맞이에
영산홍 피었구나

서로가 경쟁 벌이듯
피어나는 봄꽃들

벚나무
깜짝 놀라
나도야 피워야지

행여나
뒤질세라
앞다퉈 피어나니

오가는 나그네들은
설렘으로 반긴다

복사꽃

시집온
새 신부의
연지 찍은 볼을 하고

담 넘어
방글방글
웃음을 보내누나

벌 나비
사랑놀이에
좋은 결실 맺겠지

개나리는 바람둥이

긴 가지
주렁주렁
금궤를 둘러찬 듯

여심을
유혹하는
그대는 바람둥이

오가는
나그네 마음
홀랑 녹여 버리네

두견화

한겨울
눈보라에
참고 또 참아가며

두견새
울음소리
살며시 고개 드니

춘삼월 내리는 눈에
어찌할 바 몰랐네

움츠린
어깨 펴듯
새싹을 틔워내어

연분홍
저고리를
살며시 펼쳤더니

보는 이 탄성 소리에
활짝 웃음 짓는다

봄까치꽃

메마른
풀잎 사이
고개를 내밀었다

환하게
꽃피우니
보는 이 설렘 가득

이른 봄
너의 모습에
동장군이 줄행랑

봄의 정취

파릇한
봄의 향기
가슴에 가득 품고

뒷산에
매화 향에
비둘기 울고 간다

저 멀리
가물거리며
아지랑이 춤추네

조바심

흐르는
시간 속에
봄꽃이 떨어져도

작약과
모란꽃이
그 자리매김하니

세월을 거스를 자가
어디에 또 있으랴

만물을
주관하신
그분의 그 큰 뜻을

영안이
어두워서
바로 알지 못한다네

때 되면 피고 지는 걸
조바심만 냈구나

벚꽃 지다

새색시
볼을 닮은
화사한 벚꽃이여

순결의
의미로서
내 앞에 다가왔네

사랑을 속삭여주며
안아주고 싶다네

한 걸음
다가서니
바람이 몰고 가고

떨어진
꽃잎들이
나비 되어 날아가니

가지 끝 푸른 잎새에
흔적만이 남았네

노루귀

잔설이
가시기 전
두 귀를 쫑긋 세워

설할초
이름 달고
새봄을 노래하네

꽃말은 믿음과 신뢰
내 마음을 훔친다

한 꽃대
한 송이 꽃
솜털이 뽀송뽀송

꽃 지고
피어난 잎
노루귀를 닮았네

눈 속을 헤집고 나와
다른 이름 얻었지

* 노루귀: 노루귀는 색깔의 종류를 떠나 섬노루귀, 새끼노루귀, 노루귀 세 가지 종류다. 섬노루귀는 우리나라 특산식물로 울릉도에 자라며 꽃이 잎보다 많이 적다.

벚꽃 피어

해 맑은
하늘 아래
환하게 웃음 짓고

바람의
풍류 따라
더덩실 춤을 추며

날 오라
유혹의 손짓
갈팡질팡 내 마음

은은함이 좋아라

작은 꽃
여러 모여
한 송이를 이루고

그 향기
그윽함에
거실에 옮겨두니

천리향
은은함이야
어찌 말로 다 하리

목련화 피고

정결한
여인네가
속치마 펼쳐 놓고

온화한
미소 지으며
그대를 유혹하니

심쿵 한
그대의 마음
목련화에 빠졌네

봄 냉이

파릇한
향내음에
사랑이 담겼네요

그대의
손끝에서
맛으로 이어질 때

냉이는
입안 가득히
행복으로 번져요

눈 속의 봄

눈 속에
파릇함이
새봄을 기다린다

새하얀
솜 이불을
포근히 덮고 누워

기나긴
겨울잠에서
봄이 올 날 꿈꾸네

동백꽃 피는 날

갯바람
차가운데
붉음의 동백꽃이

수줍은
그대 모습
홍조 띤 누이 얼굴

하나둘
몽우리 터져
입가에 핀 웃음꽃

꽃들의 향연

매화 향
가득하니
새들이 노래하고

벌들의 장단 맞춰
나비가 춤을 추네

향긋한
봄의 향연이
펼쳐지고 있었네

꽃들이
향기 품고
잔치를 벌였구나

오가는 벌 나비떼
에헤야 좋을시구

길 가던
발걸음 멈춰
함께 놀아 볼까나

괭이풀

축담 밑
자갈밭에
잡풀로 태어나서

찢기고
뜯기어도
아랑곳하지 않고

작고도
앙증스럽게
고운 꽃을 피우네

허공중에

참꽃과
벚꽃들이
예쁘게 피었건만

함께할
임 없으니
그림의 떡이라오

허전한
이내 마음만
허공중에 떠도네

꽃놀이

아이야
우리 함께
꽃놀이 갈까 보냐

활짝 핀 봄꽃들이
우리를 유혹해도

입 봉한
이 마음에는
굳은 비만 내린다

참꽃이
피고 지고
벚꽃이 피었다만

오갈 수 없는 신세
누구를 원망하리

세월의
어수선함이
야속기만 하여라

능소화 피는 계절

계절의
흐름 속에
여름이 다가오니

바람이
그리웠나
내 님이 그리웠나

애잔한
전설을 지닌
능소화가 피었네

조팝꽃

낮에는
하얀 꽃잎
햇살에 반짝이며

어사화
출렁이듯
흔들리는 네 모습은

어두운 밤
환하게 밝혀
길 안내를 하는 듯

달맞이꽃

어두운
밤하늘에
희미한 저 그림자

낮과 밤
기다림에
그리워 잦아울고

불빛에
아련한 사랑
이 한밤을 보내나

영롱함

영롱한
이슬방울
푸른 잎 위에 놀고

아침의
태양 아래
반짝이는 너의 모습

은쟁반
옥구슬처럼
아름답기만 하네

능소화의 설움

그 님이
보고파서
담 넘어 기웃거려

오늘 밤
오시려나
가슴은 미어지고

낮과 밤
수차례 흘러
붉은 피를 토하네

동백

천천히
젖어들어
선홍빛 붉은 사랑

가뭄에
가슴 졸여
소나기 한줄기에

가신 님
뒤돌아서서
눈물 뿌려 피는 꽃

봄을 캐다

하늘은
뿌옇지만
날씨는 따사로워

세월을
낚아볼까
문밖을 나서보니

어느새 벚꽃이 지며
훨훨 날아가누나

봄인 줄
알았는데
여름이 다가온 줄

풀숲을
헤쳐가며
봄 하나 캐어볼까

파릇한 쑥의 향기가
나의 미각 돋운다

사랑의 증표

벚꽃이
만개하니
꿀벌들 날아올라

사랑의
그 증표를
한없이 보여주니

꽃과 벌
사랑놀이에
나의 눈이 시리네

푸른 하늘

문명이
발달하여
인공위성 띄워져도

예전엔
미세먼지
걱정도 없었는데

달나라
아니 간대도
푸른 하늘 보고파

봄꽃

산수유
활짝 피어
봄소식 알려주니

새하얀
목련화도
덩달아 웃음 주고

산기슭
붉은 꽃잎도
방실방실 웃는다

개나리 꽃길

개나리
노란 꽃잎
울타리 멋진 융단

사랑과
멋스러움
바람에 나풀나풀

정 가득
추억의 매력
그 길을 걸어본다

4부
목련화 지다
▼

목련화 지다 / 허무 / 왜가리의 비애
오는 봄 누가 막아 / 터널 / 설화
줄행랑 / 눈(雪) / 백조야
꼬리를 감추고 / 봄 / 소나기
봄이 오면 / 봄의 유혹 / 희망의 소리
빗속의 봄처녀 / 벗 / 철새
줄장미 / 운무 / 뿌연 하늘
비의 흔적 / 바람의 심술 / 웃음의 의미
강태공 / 새벽 / 새해 소망
봄 길목 / 슬픈 연가 / 떠나는 가을

목련화 지다

고결한
은백색의
목련화 피었더만

밤 지나
눈을 뜨니
그사이 지고 없네

떠나는
그 마음이야
오죽 아파했을꼬

허무

푸름이
붉음으로
물드는 그날에도

마지막
남은 열정
바람에 맡기우니

인생사
부질없음을
뒤늦게야 알았네

왜가리의 비애

비 개인
바다 위에
윤슬이 반짝이고

갈매기
날갯짓에
두 눈만 껌뻑껌뻑

짝 없는
외로운 신세
왜가리의 비앤가

오는 봄 누가 막아

꽃 피는
춘삼월에
폭설로 떨게 하고

활짝 핀
매화나무
흰 눈을 덮어썼네

아무리
행패 부려도
오는 봄을 못 막지

터널

새해가
밝았건만
마음은 긴 터널 속

가지 마
붙잡아도
오늘 가고 내일 오네

길가에
마른 풀잎은
새 희망을 품을까?

설화

님 마중
하기 위해
가지 위 앉았건만

그 님은
뵈지 않고
바람만 지나가네

햇살에
눈물 흘리며
떠나가는 설화여

줄행랑

길고 긴
기다림 끝
봄 아씨 마중하니

언덕에
소슬바람
향기도 따라오네

도둑이
제 발 저리듯
도망가는 동장군

눈(雪)

선녀가
춤을 추듯
살포시 내려와서

고운 볼
입맞춤에
설레는 가슴앓이

언제나
동경의 대상
콩닥거린 이 마음

백조야

밉다고
밀쳐내어
외톨이 되었다지

그 설움
견뎌내고
도약의 날갯짓에

백조의 고운 모습을
상상이나 했을까

멀고 먼
하늘길을
쉼 없이 날고 날아

따뜻한
겨울 찾아
와준 것이 고맙구나

우아한 너의 모습에
가던 걸음 멈추네

꼬리를 감추고

촉촉이
가을비가
내려온 대지 위에

물들은
단풍잎이
떨어져 울고 있네

가을은
겨울 속으로
슬금슬금 숨는다

봄

흰 눈이
흩날리고
찬바람 불어와도

따뜻한
그대 온정
세월을 뛰어넘어

뒤뜰에
매화 향 가득
전해주는 님 소식

소나기

한여름
함석지붕
콩 볶는 소리 들려

후다닥
문을 열고
마당에 내려서니

어느새
바람과 함께
웃음 띠며 떠나네

봄이 오면

갈대가
바람 따라
흔들림 같은 건지

매사에
흔들림이
중심 잡기 어렵구나

따뜻한
훈풍 불 때면
바로 설 수 있겠지

봄의 유혹

봄 아씨
사푼사푼
내게로 다가와서

살며시
눈웃음에
내 손을 잡아끄네

기나긴
겨울 벗어나
아지랑이 속으로

희망의 소리

동녘이
밝아오면
뱃고동 소리 울려

하루를
열어가는
선창가 이른 아침

물살을
가로지르며
희망 가득 심는다

빗속의 봄처녀

싫다고
뿌리쳐도
다시 또 찾아오고

봄 마중
가겠다고
꽃단장하였더니

하늘이 울고 있으니
겨울 너 참 얄밉다

이 비가
개고 나면
봄 처녀 찾아올까

매화가
만발하고
명자꽃 피어나니

내리는 빗속을 뚫고
오는 걸음 바쁘다

벗

담 하나
사이 두고
자라난 소꿉친구

반백 년
지나가도
그 안부 궁금하여

수시로
소식 전하는
우리 우정 영원히

철새

떼 지어
훨훨 날다
잠시 쉬어 간다네

위 모습
우아하게
물 위에 떠 있지만

쉼 없는
발놀림이야
그들만의 생존법

줄장미

담장을
타고 넘어
세상 밖 구경할까

화려한
그의 자태
마음껏 뽐을 내며

내 사랑
어디 있을까
기웃기웃 넘보네

운무

무심히
흘러가는
구름을 벗을 삼아

오늘도
외로운 맘
달래고 달래보니

한 폭의
멋진 수채화
위로하고 가누나

뿌연 하늘

황사에
미세먼지
저 하늘 어이 하나

꽃바람
향기 실어
내 마음 홀리건만

봉한 입
두 눈만 멀뚱
애달프니 어쩌랴

비의 흔적

소나기
멈춘 자리
푸름이 살아나니

꽃잎은
길거리에
흔적을 남겨놓고

푸른 잎
그 자리매김
싱그러움 따른다

바람의 심술

화려한
너의 자태
고운 향 날리더니

때아닌
강풍 속에
눈물을 머금고서

한 마리 흰나비처럼
날아가는 꽃잎들

무심한
저 빗줄기
바람을 동반하여

어여쁜
그대 모습
데려가 버리누나

그대의 고운 향기는
남겨두고 가려마

웃음의 의미

그대의
웃음 뒤에
가려진 애잔함은

누구도
알 수 없는
아픔의 눈물이라

보듬어
다독여주는
그 손길이 아쉽다

강태공

하늘에
달 벗 삼아
세월을 낚아볼까

서산에
노을빛에
어둠은 내려앉고

드리운
저 낚싯대를
달빛마저 잡누나

새벽

어둠의
터널 지나
동녘의 용트림이

하루를
시작하는
손길이 분주한데

새날의
밝은 기운이
새벽인가 한다네

새해 소망

한 해의
마지막이
서서히 다가오네

코로나
바이러스
힘들게 했던 한 해

새해의
밝은 기운이
물리치길 바라네

봄 길목

봄 아씨
오는 길목
내리는 저 빗소리

훼방꾼
심술보에
울화통 터지는데

아무리
설쳐보아도
봄 아씨는 온다네

슬픈 연가

새 한 쌍
가지 앉아
아침을 노래하고

설원에
붉은 꽃은
곱기도 하련만은

어이해
홀로 남겨져
슬픈 노래 듣는고

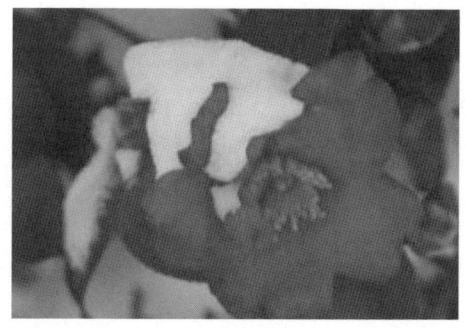

떠나는 가을

향긋한
봄 향기에
마음이 설레더니

찌는 듯
한더위에
시원함 그리웠지

고운 잎
떠나는 계절
아쉬움이 가득해

배애희 시조집 2

세월 깁던 어머니

발행일 2025년 7월 18일
발행인 김승호
저자 배애희

발행 도서출판 다선
인쇄기획 도서출판 예솔
등록번호 제2002-000080호(2002.3.21)
주소 서울시 마포구 토정로 222, 한국출판콘텐츠센터422-5호
연락처 010-2493-2232
E-mail gksh0691@hanmail.net

ISBN 978-89-5916-083-9   03810

* 책값은 뒤표지에 표시되어 있습니다.
  본 책의 일부 또는 전체를 예솔의 허락 없이 복사하거나 전재할 수 없습니다.

다선 추천도서

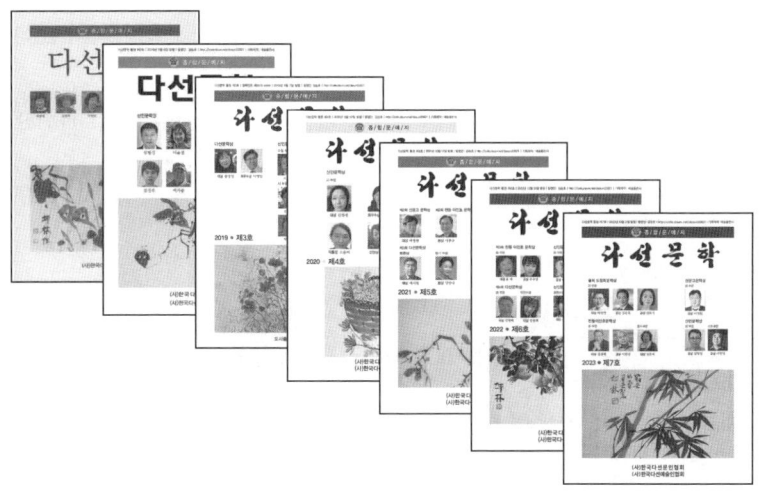

종합문예지 다선문학

(사)한국다선문인협회, (사)한국다선예술인협회 | 발행인 김승호

「다선문학」은 (사)한국다선문인협회의 종합문예지이다. '한국다선문인협회' 는 인문학의 발전과 문학의 저변 확대로 한국 문단 부흥의 초석이 되고자 하는 목표를 가진 단체로, 신인작가 양성과 입문의 역할을 담당하는 동시에 기성 문인들의 복지를 향상하고 지위를 공고히 하는 데도 힘쓰고 있다. 「다선문학」에서는 다선문인협회 작가회 회원들의 시와 수필 작품들은 물론 다선예술인협회 작가들의 그림·사진 작품 등도 함께 선보이며 다선문학상 당선 작가들의 시, 수필, 평론 등과 초대작가들의 작품들도 만나볼 수 있다.

**꽃 시인의 희망,
사랑 이야기**

김승호 지음
160면 | 10,000원

어머니의 흔적

배애희 지음
200면 | 15,000원

**꽃 시인,
시의 향기를 노래하다**

김승호 지음
184면 | 10,000원

**너 아니면
나의 이야기**

고 호 지음
192면 | 15,000원

**꽃 시인,
시의 날개를 달다**

김승호 지음
184면 | 13,000원

**그림자 위의 길을
걸어가는 자**

이한영 지음
168면 | 13,000원

**꽃 시인,
詩의 시간을
되돌리다**

김승호 지음
200면 | 13,000원

기억을 파는 가게

유온유 지음
224면 | 15,000원

※ 위 도서는 대형 온라인 서점에서 구매하실 수 있습니다.